POSE UNE QUESTION

AU LIVRE

IL TE RÉPONDRA...

Ce livre, qui répond à toutes tes questions, est ton guide d'éveil à la spiritualité.

Il va te permettre de laisser ton intuition te guider vers les réponses qui te sont destinées.

Pose ta question à voix basse et réfléchis quelques instants tout en mettant ta main sur le livre.

✦ ✦ ✦ ✦ ✦ ✦ ✦ ✦

Fais défiler les pages sans regarder
pendant quelques secondes et
arrête-toi lorsque ton instinct te dit
que ta réponse est là.

Comme tous les arts divinatoires ce
Livre demande de la pratique et de
la réflexion.

Nous te souhaitons un bon voyage
dans les Mystères de l'inconnu.

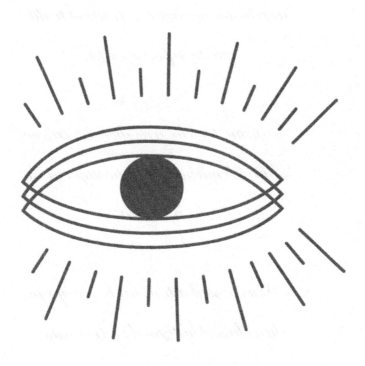

Tu connais la

vérité au fond de

toi.

Accepte de voir

ce que tu te

caches.

6

Assurément.

Pas du tout.

Tu retrouveras bientôt des jours heureux. Car après la pluie vient le beau temps.

À première vue, non.

Cette fois sera

la bonne.

Gaïa et la puissance des astres attendent des questions plus pertinentes.

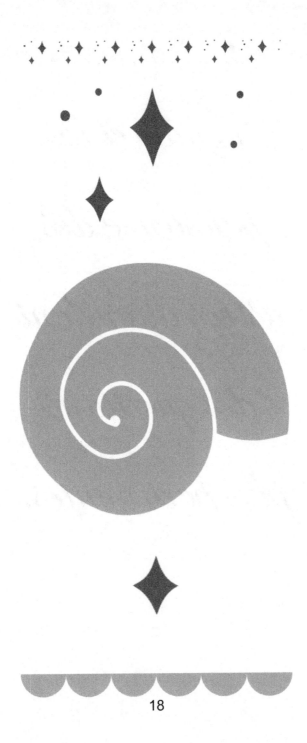

Le livre en est

certain !

La plus

grande force

n'est pas dans le

conflit.

Mets ce sujet de

côté.

Je n'ai pas
d'avis là-dessus.

C'est probable.

Rien n'est impossible.

Le succès

t'attend.

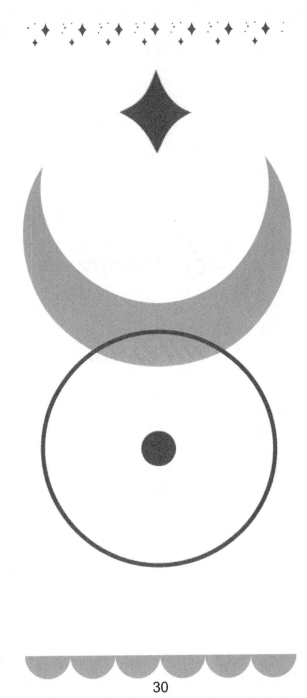

30

Un temps pour

chaque chose.

La 1ère étape

est de te

retrouver.

Cette initiative

se révélera

bénéfique.

Un esprit mal intentionné peut se cacher derrière l'apparence d'une personne noble. Reste sur tes gardes et fie-toi à ton instinct.

Oui, c'est écrit.

Bien sûr.

Presque.

Absolument.

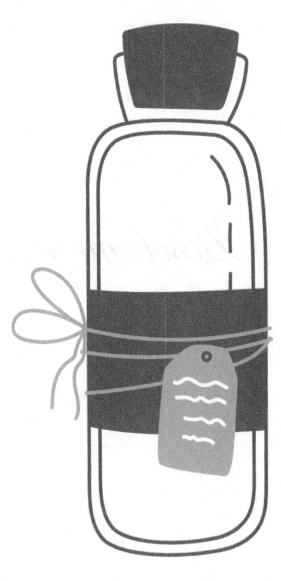

L'amour est le plus grand des remèdes et il ne s'achète pas.

Ce sera plus
dur que tu ne
l'imagines.

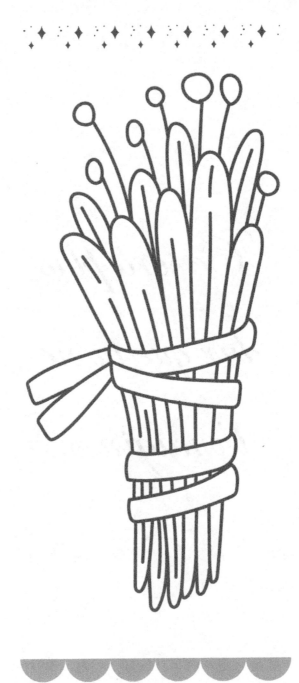

Redouble

d'effort pour ce

que tu veux

réussir.

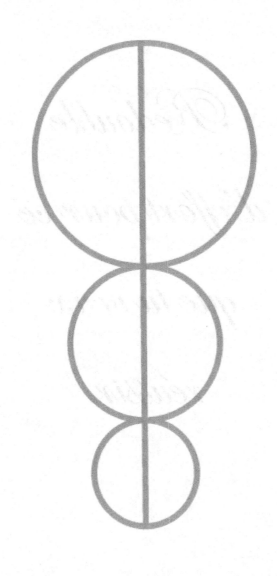

D'après

l'alignement de

Mercure et de

la Lune, oui.

Tu as la force
nécessaire en
toi. Personne
ne t'arrêtera.

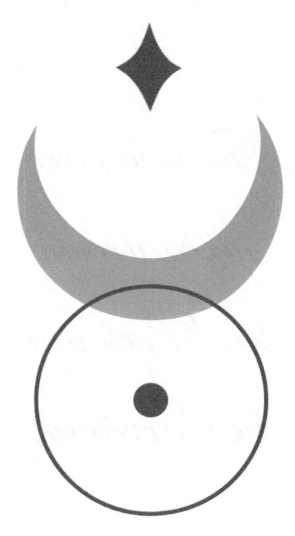

54

Sans aucun

doute !

Si tout se passe

comme prévu, tu

as tes chances !

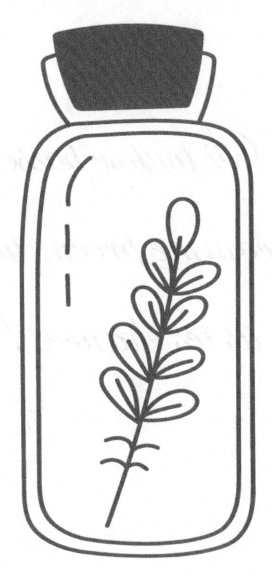

Reformule ta question.

Un peu plus de

concentration,

c'est ce qu'il te

faut.

Bien sûr.

Oui,

l'alignement de

Mercure et du

Soleil te

protège sur ce

chemin.

Il y a des
réponses qu'il
vaut mieux ne
pas entendre.

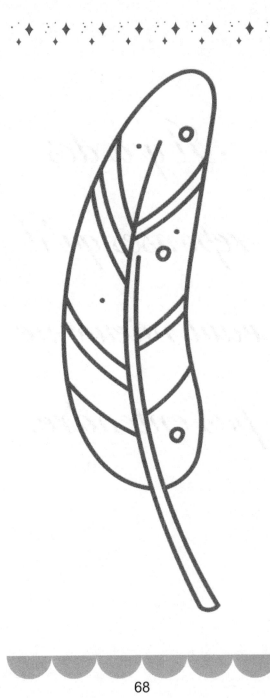

Les vérités,

même les plus

rudes, sont plus

faciles à entendre

lorsqu'elles sont

dites avec

douceur.

Dans un futur

proche non.

72

Ce que tu ne
comprends pas
n'est pas pour
autant dénué
d'intérêt.

Tu ne peux
rien faire pour
empêcher ce qui
doit arriver.

Certainement.

Carrément !

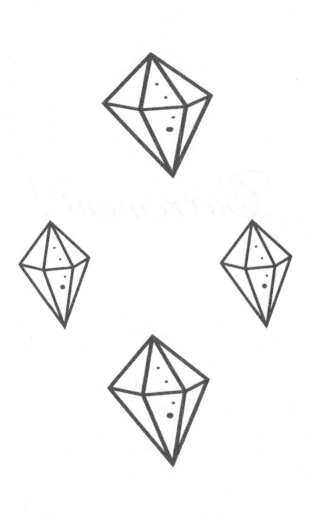

Certaines vérités

ne sont pas

universelles.

Prends le temps

d'adopter le point

de vue d'autrui.

Il y a un début

à toutes les

grandes choses.

Tu es sur le bon

chemin.

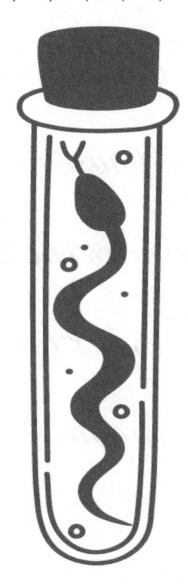

Le remède est

pire que le mal.

Ne fais pas ça.

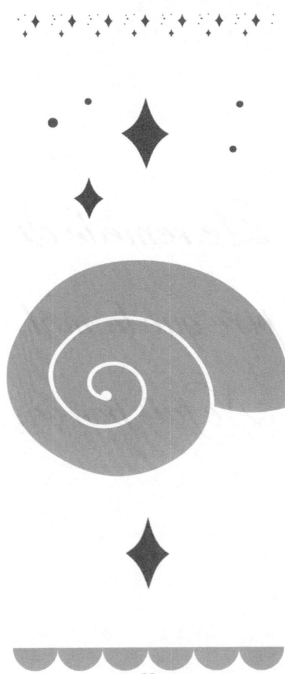

Oui !!

La chance

sourit aux

audacieux. Les

astres sont

alignés en ta

faveur.

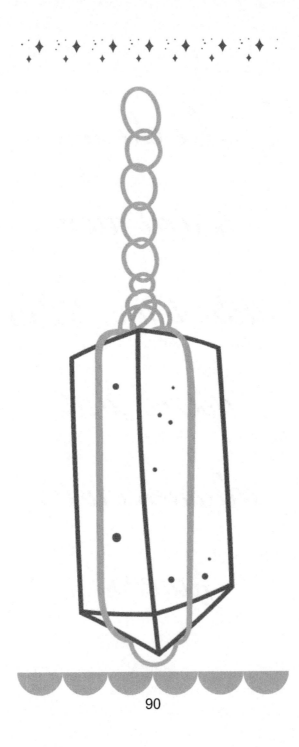

90

Cela ne
dépend pas que
de toi.

Ta demande

est irréalisable.

Ton désir est

accessible.

Mais fais

preuve de plus

d'ambition à

l'avenir.

96

Un jour oui,

mais pas

aujourd'hui.

Oui. Jupiter

en aspect

harmonique va

avoir un impact

très bénéfique sur

ta demande.

Oui !

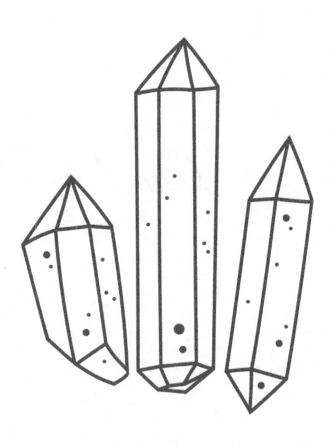

Garde espoir.

Focalise-toi sur

un autre sujet.

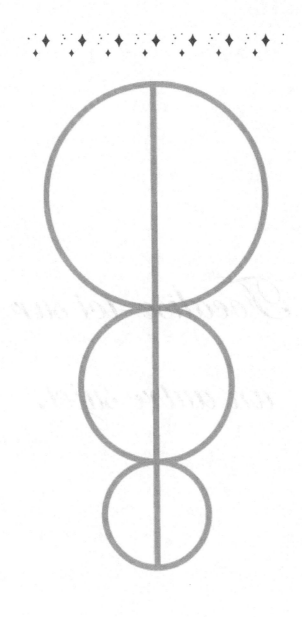

Oui. Ton
excellente
initiative sera
couronnée de
succès.

Pas du tout.

Possible.

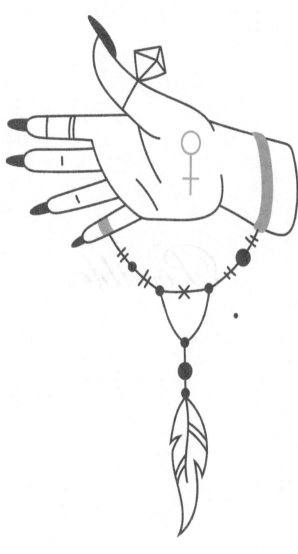

Oui, mais tu
devras redoubler
d'efforts.

Je n'ai pas
d'avis là-dessus.

C'est

probable !

Rien n'est

impossible.

Tu as toutes les

ressources

nécessaires.

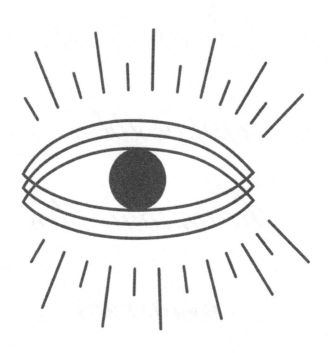

120

Jamais.

Essai autre

chose.

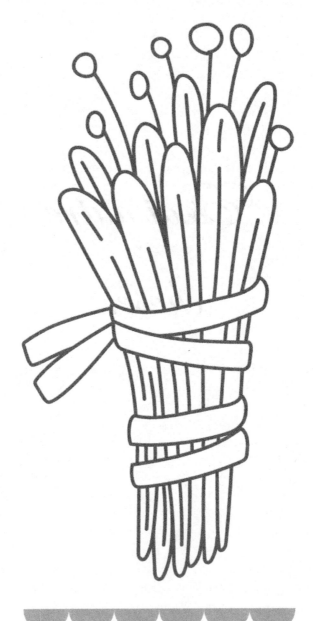

Redouble

d'efforts pour ce

que tu veux

réussir.

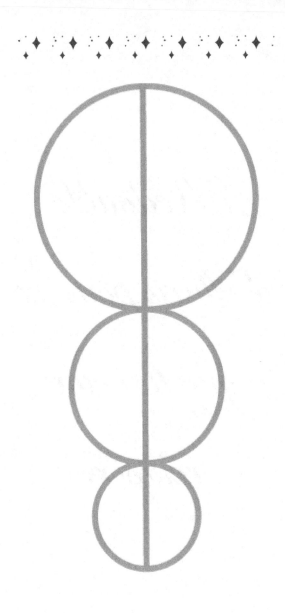

126

Je crois bien

que c'est

possible !

Il te faudra être encore patient. Mais cela se produira.

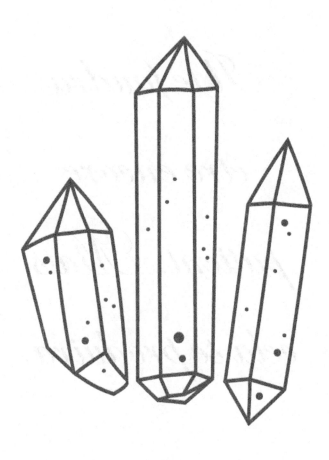

Tu es sur le bon chemin. Ton initiative sera couronnée de succès.

Je suis

pessimiste sur ce

sujet.

Bien sûr.

Gaïa

déchainera tous

les éléments pour

ton souhait.

Non.

Oui.

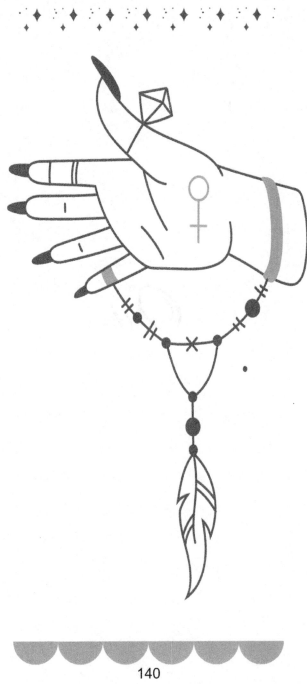

C'est concevable.
Ta demande peut se
réaliser grâce à ta
présence d'esprit et à
ton harmonie avec
ce livre.

142

Je n'ai pas
d'avis là-dessus.

Oui. Les épreuves seront présentes mais ta détermination fera la différence

Rien n'est impossible.

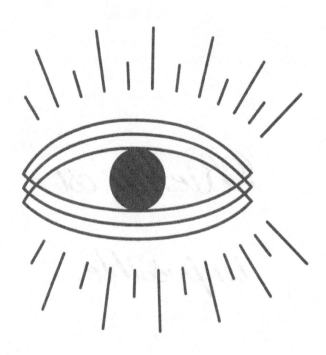

Pas cette fois.

Redemande

au livre

demain.

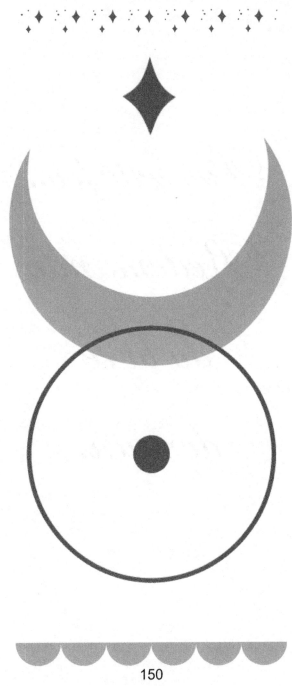

150

À la Saint-Glinglin.

Oui totalement !
L'alignement de
Mars avec
Mercure offre un
ciel protecteur
dans cette
entreprise.

En aucun cas.

Oui, c'est écrit.

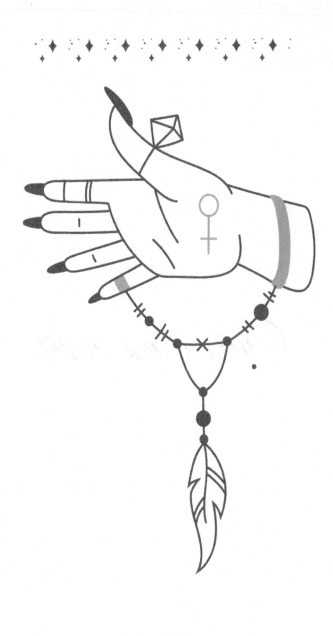

Bien sûr.

Presque.

Absolument.

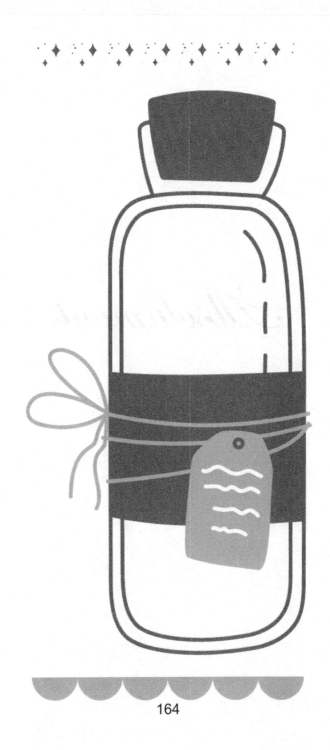

Garde espoir !

Oui. Mais il
te faudra faire
preuve de
courage.

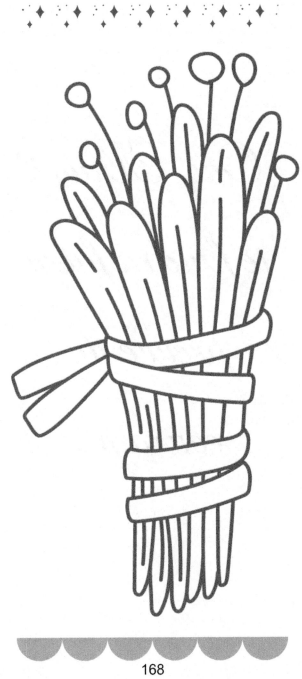

Redouble

d'efforts pour ce

que tu veux

réussir. Seule ta

détermination

fera la différence.

170

Résolument,
non. Ce
chemin n'est pas
le bon.

Oui. Ton

bonheur est

prédit.

174

Il y a des

chances.

Cela demande

réflexion.

Oui.

Parfois.

La réponse est

non.

184

Cela se peut.

Oui !

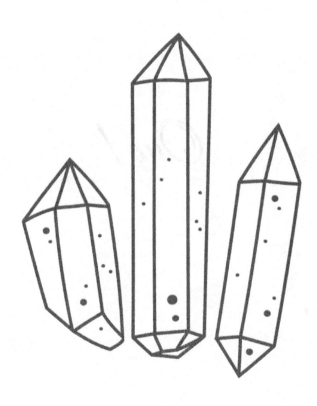

Je ne sais pas.

Parfaitement.

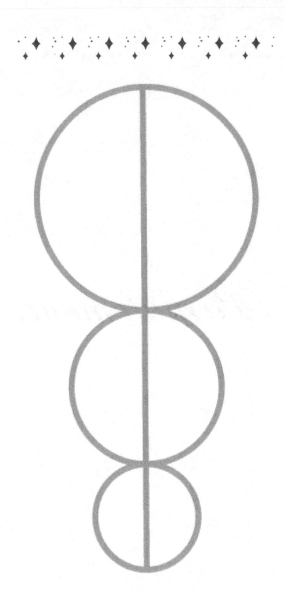

192

Oui.

Pas du tout.

Possible.

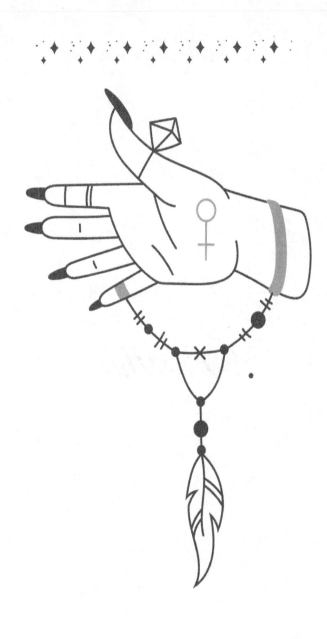

Éventuellement

Je n'ai pas
d'avis là-dessus.

C'est probable.

L'univers tout

entier te dit

oui !

Made in the USA
Monee, IL
29 November 2024

71515442R00115